Le langage et l'évaluation de l'enfant:
guide pratique

Jane Baskwill • Paulette Whitman

Scholastic-TAB Publications Ltd.
123, Newkirk Road, Richmond Hill (Ontario) Canada

Traduction et adaptation : Jean Brugniau
Conception graphique de la page couverture : Jo Huxley

Il est interdit de reproduire, d'enregistrer ou de diffuser en tout ou en partie le présent ouvrage, par quelque procédé que ce soit, électronique, mécanique, photographique, sonore, magnétique ou autre, sans avoir obtenu au préalable l'autorisation écrite de l'éditeur.

Copyright © 1988, Scholastic-TAB Publications Ltd.

Copyright © 1989, Scholastic-TAB Publications Ltd., pour le texte français. Tous droits réservés.

Publié par Scholastic-TAB Publications Ltd., 123, Newkirk Road, Richmond Hill (Ontario) Canada L4C 3G5

4321   Imprimé au Canada   9/801234/9

Données de catalogage avant publication (Canada)
Baskwill, Jane
    Le langage intégré et l'évaluation de l'enfant
Traduction de : Evaluation : whole language, whole child.
Bibliographie : p.
ISBN 0-590-71981-51.

Arts du langage (Primaire). 2. Anglais (Langue) — Étude et enseignement (Primaire).
I. Whitman, Pauline. I. Titre.

LB1528.B3614 1989   372.6'044
C89-093643-9

Table des matières

Introduction :
    science ou bon sens. 5
Les classes primaires :
    vue d'ensemble. 7
Les classes moyennes du cycle élémentaire :
    bâtir sur la réussite. 26
La question des bulletins :
    quelques points de vue. 39
Conclusion :
    évaluation et planification du programme. 44

Remarque : Afin de faciliter la lecture de ce document, les auteurs ont choisi de n'employer que la forme masculine des noms, mais il est entendu que le masculin représente aussi bien les hommes que les femmes (par exemple : «les enseignants» pour «les enseignants et les enseignantes»).

Introduction : science ou bon sens

- Vous venez de donner un test et la plupart de vos élèves ont eu des résultats médiocres.
- Vous avez reçu un rapport diagnostique sur un enfant difficile mais il ne vous apprend rien et ne recommande rien que vous n'ayez déjà tenté.
- Vous faites passer un test qui se trouve à la fin de votre manuel de lecture : un enfant qui a de toute évidence eu des difficultés à lire les textes a obtenu un très bon résultat alors que votre meilleur élève en lecture en a obtenu un mauvais!
- Vous avez envoyé un bulletin à la maison mais vous avez nettement le sentiment qu'il ne reflète pas la performance réelle de l'enfant.

Si vous avez vécu ne serait-ce qu'une de ces situations, vous savez déjà que l'évaluation est un domaine pavé de difficultés et de dilemmes. Il n'est pas si facile qu'on pourrait le croire de noter des observations sur les véritables apprentissages d'un enfant et de les communiquer de manière significative à nos collègues, aux parents et à l'administration.

Ne désespérons pas! De nombreux enseignants continuent à effectuer des recherches sur l'enseignement et l'apprentissage et s'appuient sur leurs découvertes pour mettre au point des instruments qui leur permettront de mieux évaluer les progrès des enfants ainsi que des systèmes qui les aideront à mieux communiquer leurs résultats. À l'heure actuelle, on pense que l'apprentissage est un processus individuel qui se déroule de manière plus efficace lorsque l'apprenant bénéficie du soutien de son environnement. L'apprentissage est un processus continu qui ne peut être ni fragmenté ni soumis à un emploi du temps. Nos instruments d'évaluation et nos méthodes se doivent de refléter cette façon de penser.

L'évaluation a toujours constitué une étape délicate. Tout le monde admet que certains types d'apprentissage sont difficiles à mesurer et que certains aspects moins tangibles du développement, tels que la conscience de soi et le comportement, échappent à toute tentative d'évaluation. On nous a cependant laissé croire qu'il existait des méthodes et des instruments fiables et précis qui permettaient de faire des évaluations objectives et scientifiques. Or, la plupart de ces méthodes ayant été conçues par des experts, elles doivent être mises en application par du personnel spécialement formé, et on s'est évertué à nous persuader que de simples enseignants ne pourraient interpréter leurs résultats de façon valable.

Les instruments traditionnels sont généralement encombrants et il faut beaucoup de temps pour les utiliser. De plus, ils ne nous fournissent pas les renseignements dont nous aurions besoin pour aider les enfants avec lesquels nous les utilisons. Il est souvent difficile de les classer, de les ranger et d'y avoir accès. Nous avons alors décidé de comparer les rapports officiels les plus impressionnants qui accompagnaient des méthodes d'évaluation scientifique avec ce que nous observions et ce que nous ressentions. Nous avons constaté que nous n'étions plus sûres de notre jugement ni de la façon dont était interprété le progrès de nos élèves. Nous nous sommes évidemment posé quelques questions : Qui connaît le mieux ses élèves? Qui est le mieux placé pour observer et interpréter de manière précise ce qu'ils font sur une base quotidienne, hebdomadaire ou mensuelle? Qui est le mieux placé pour interpréter et documenter leurs progrès?

Nous avons mis nos doutes de côté et avons commencé à prendre des notes et à faire des comptes rendus de ce que nous voyions nos élèves faire et de ce que nous les entendions dire. Il nous arrivait de ne pas comprendre pourquoi tel ou tel événement se produisait, mais nous étions au moins en mesure de le noter, puis d'y réfléchir. Nous pouvions faire appel à notre bon sens, nous appuyer sur nos propres expériences pédagogiques, parler avec nos collègues et garder un oeil ouvert sur la documentation professionnelle susceptible de nous aider.

À mesure que nous progressions et que nous savions mieux enseigner à partir de l'expérience langagière des enfants, nous devenions plus sûres de nous et plus efficaces pour observer et interpréter ce que nous voyions. Il existait vraiment d'autres choses que les tests de fin de manuel et les tests standardisés. Nous avons en effet découvert des méthodes alternatives utiles et accessibles qui n'étaient ni compliquées ni difficiles à utiliser, même s'il fallait s'entraîner et respecter un certain nombre de règles pour les exploiter efficacement.

Le passage à une méthode plus personnelle d'évaluation s'est avéré bénéfique à la fois pour les enfants et pour nous-mêmes. Nous connaissons maintenant mieux nos élèves et sommes en mesure de répondre plus adéquatement à leurs besoins. Nous savons mieux interpréter leurs progrès et communiquer avec leurs parents. En bref, nous sommes devenues de meilleurs enseignantes.

Nous voulons partager quelques-unes de nos idées avec vous. Nous espérons que vous en essaierez plusieurs et ne vous contenterez pas d'expérimenter avec une seule! Choisissez celles qui vous conviennent le mieux pour l'instant et prenez le temps d'assimiler les autres. Avec un peu de temps et d'expérience, vous découvrirez que l'évaluation n'est pas aussi complexe qu'on a bien voulu le croire.

Les classes primaires du cycle élémentaire : vue d'ensemble

L'enseignement à partir de l'expérience langagière est une technique déjà bien enracinée dans certaines classes primaires du cycle élémentaire et de nombreux enseignants utilisent déjà de nouveaux instruments pour identifier et évaluer le développement et les progrès de leurs élèves. En procédant ainsi, ils ont une meilleure vue d'ensemble de l'enfant. Nous nous contenterons de décrire quelques méthodes parmi toutes celles qui ont été expérimentées et testées au cours des dernières années.

Rapports descriptifs

Nous croyons fermement qu'il est essentiel de recueillir des données sur chaque enfant : les productions mêmes de l'enfant, ainsi que nos notes sur les rapports entre l'enfant et l'écrit et entre l'enfant et les autres enfants. Nous avons dû nous entraîner à prendre ce genre de notes mais nous avons constaté que plus nous le faisions, plus nous nous améliorions. Nous devions sans cesse nous rappeler qu'il nous fallait noter le positif, ce que les enfants pouvaient faire. Nous avons alors fini par regarder nos élèves d'un oeil différent.

Nos efforts ont été largement récompensés. Plus nous observions, plus nous découvrions de choses intéressantes et plus nous comprenions ce qui se passait, pas seulement avec les individus mais avec l'ensemble de la classe. Tant d'événements, qui autrefois n'étaient remarqués que longtemps après s'être produits, étaient maintenant observés et notés au moment où ils se produisaient : par exemple, le jour où un enfant écrivait son premier mot à sa façon, lisait seul pour la première fois, réalisait son premier livre. Nous n'avons pas pu nous empêcher de penser aux premiers pas, aux premiers mots ou aux premières dents tombées de nos propres enfants : c'est avec la même émotion que nous observions les grandes étapes de l'acquisition du langage par nos élèves. Et comme nous l'avions fait avec nos propres enfants, nous étions prêtes à partager notre joie avec qui voulait bien nous entendre!

Afin de pouvoir observer et prendre des notes, il nous a fallu créer des occasions particulières. Nous avons commencé par examiner notre programme de la journée. Par exemple, durant les périodes de travail individuel, c'est-à-dire quand les élèves choisissent leurs activités dans différents centres, il est particulièrement facile d'observer et de noter ce que certains enfants disent et font.

Au début, nous avons établi un horaire fixe afin de nous assurer qu'aucun enfant n'était oublié et que rien ne nous empêcherait d'effectuer les observations prévues. Nous avons commencé par suivre un seul enfant pendant toute une session de travail individuel, suivant ainsi un nouvel enfant chaque jour, jusqu'à ce que nous ayons pris l'habitude de nous concentrer sur ce que les enfants «pouvaient faire». En portant notre attention sur un seul enfant pendant une longue période, nous pouvions réfléchir très précisément à ce que nous observions. Que nous démontrait vraiment cet enfant?

Quand nous avons pris plus d'assurance, nous avons essayé de noter tous les jours des renseignements sur plusieurs enfants, chaque fois que quelque chose d'important se produisait. Il nous est alors arrivé de noter des renseignements intéressants sans savoir qu'ils seraient significatifs. Les articles de Yetta Goodman sur l'observation des enfants nous ont aidées à porter notre attention sur des événements importants. Nous avons aussi pris l'habitude de relire nos notes à la fin de chaque semaine pour voir si nous avions oublié quelqu'un ou si certaines tendances se dégageaient.

Nous avons ensuite essayé de déterminer comment noter et classer les renseignements que nous recueillions. Nous avons eu tôt fait de découvrir les avantages et les limites de chacune des techniques disponibles. Nous avons alors soigneusement choisi celles qui répondaient le mieux à nos besoins, ce que chaque enseignant se doit de faire.

Date	Nom de l'enfant	Commentaire
11/21	Maria	A écrit "Je c patn" (Je sais patiner) elle-même pendant la période de travail individuel.
11/21	Paul	A construit une tour de deux couleurs avec des blocs d'après le modèle ABAB.
11/22	Christine	La mère de C. est venue à l'école aujourd'hui. Elle a dit que C. fait beaucoup de livres à la maison, qu'elle aime qu'on lui raconte des histoires; elle est contente des progrès qu'elle voit.

Dossiers

Il est important que l'on puisse facilement avoir accès aux renseignements recueillis; c'est pourquoi nous préparons un dossier pour chaque enfant, avant même le jour de la rentrée. Nous complétons ces dossiers tout au long de l'année avec des travaux qui nous semblent représentatifs des progrès de l'enfant : échantillons de travaux écrits et de travaux d'art, liste de livres lus, livres publiés et projets entrepris, rapports, affiches, etc. Nous y incluons des travaux en cours ainsi que des travaux terminés afin d'avoir des indications sur le processus qu'adopte chaque enfant pour accomplir une tâche donnée. Nous y plaçons également des photocopies de passages intéressants de leur journal personnel afin de mieux comprendre la façon dont ils vivent l'apprentissage de la lecture ou de l'écrit et la façon dont ils assimilent des concepts de sciences ou de mathématiques. Nous datons soigneusement chaque document à l'aide d'un tampon que nous gardons à portée de la main.

Échantillons de travaux écrits recueillis mensuellement

En plus des travaux réguliers, nous demandons aux enfants de nous écrire un passage chaque mois. Ils disposent de quinze minutes pour écrire une histoire sur un sujet de leur choix; ils sont totalement libres et nous employons le même ton de voix rassurant que lorsqu'ils écrivent leurs textes habituels afin de créer la même atmosphère sécurisante et confortable. Nous leur disons pourquoi nous voulons cet échantillon de travail écrit et nous leur demandons de nous montrer tout ce qu'ils savent faire. Au bout de quinze minutes, nous ramassons les travaux et nous les datons.

Nous décidons parfois d'avoir une conférence avec certains enfants avant de classer le texte. Dans ce cas, nous l'examinons avec l'enfant et dressons une liste de ce qu'il a su faire.

> chr maman chr papa
>   Je ve ale voar grand-mère
> dmain O.K.?
> Je vous em
>   Amanda

Ce que Amanda sait faire à l'écrit :
- elle connaît le format d'une lettre ;
- elle a quelques notions de ponctuation (point d'interrogation, O.K.) ;
- elle sait à quoi sert une lettre ;
- elle sait orthographier certains mots (maman, papa, grand-mère, je, vous, Amanda) ;
- elle sait employer les majuscules dans certaines situations (Je, Amanda) ;
- elle utilise certaines voyelles et consonnes qu'elle écrit à sa façon ;
- elle est presque capable d'écrire certains mots : chr=chére ou cher, ve=veux, etc.) ;
- certains mots ont presque la bonne longueur (dmain = demain) ;
- elle a compris qu'un texte écrit a un sens et que l'on écrit lorsqu'on a quelque chose à communiquer.

À mesure que les mois passent, nous pouvons observer les progrès de chaque enfant. À la fin de l'année, nous disposons d'un dossier tout à fait révélateur.

Les albums personnels

Les albums personnels sont une autre façon de noter les progrès des enfants à l'écrit. Chaque album devrait se composer d'au moins 10 pages, une page pour chaque mois de l'année scolaire. En marge du texte, nous écrivons nos remarques personnelles : une rapide «traduction» du texte s'il s'agit d'une histoire écrite par un très jeune enfant, un commentaire sur les circonstances qui ont poussé l'enfant à écrire, quelques renseignements sur les prolongements de l'activité. Au dos de la page, nous notons brièvement ce que l'activité nous a appris sur les progrès de l'enfant. Chaque travail est évidemment daté.

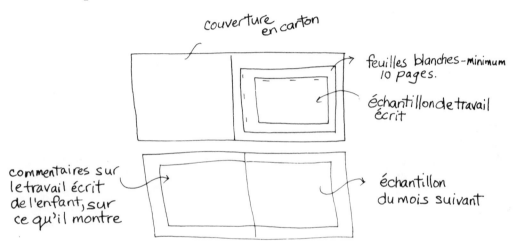

Certains collègues passent l'album à l'enseignant qui reçoit l'enfant l'année suivante. Nous préférons l'envoyer d'abord à la maison en suggérant aux parents qu'ils le renvoient à l'automne. Cela nous pousse à clarifier nos observations pour nous-mêmes et à les rédiger de façon à ce que les parents puissent les comprendre. De plus, cela donne une base de référence aux parents qui veulent suivre les progrès de leur enfant à l'écrit et favorise les contacts parents-enseignants dès le début de l'année scolaire.

Étiquettes auto-collantes

Afin de pouvoir noter rapidement les observations que nous faisions durant les périodes de travail individuel, nous avions décidé de nous munir d'étiquettes auto-collantes pour enveloppes. Pour chaque observation, nous inscrivions la date et le nom de l'enfant sur une étiquette ainsi que nos commentaires. Comme celles-ci n'étaient pas très grandes, nous avons vite appris à être concises et à ne noter que les détails importants. À la fin de la journée, nous collions nos étiquettes dans les dossiers appropriés, constituant ainsi une suite chronologique d'observations sur un enfant.

C'est alors qu'un problème est apparu. Comme nous devenions de meilleures observatrices, nos observations sur un incident particulier impliquaient souvent plus d'un enfant. Dans quel dossier devions-nous coller l'étiquette? Devions-nous écrire des étiquettes supplémentaires pour en mettre une dans les dossiers de chaque enfant concerné? Nous nous retrouvions par ailleurs en train de noter des fragments de conversations ou des moments de situations qui exigeaient davantage d'espace que n'en fournissaient des étiquettes. Nous avons alors envisagé d'utiliser des étiquettes de tailles différentes, mais l'idée de nous transformer en «distributrices ambulantes» d'étiquettes qui envahiraient notre propre bureau et que nous devrions ensuite classer nous a découragées!

Le cahier de notes à spirale

Nous avons ensuite décidé de ne plus nous déplacer sans un cahier à spirale que nous appelions notre «journal de bord». C'est maintenant l'un des meilleurs outils dont nous disposons pour recueillir et noter nos observations, et pas seulement à propos des enfants. Il contient nos réflexions, nos questions, nos inquiétudes à propos d'un enfant ou d'un événement particulier. Cette technique s'est transformée en une véritable façon de transposer nos observations, une façon d'observer les relations se développer et les progrès se révéler. Nous avons assez d'espace pour transcrire une conversation entière si nous le désirons ou pour faire une description complète d'un moment qui nous a semblé important. Nous pouvons revenir en arrière rapidement et vérifier une entrée précédente et nous avons un accès immédiat à une série d'événements que nous pouvons partager avec des parents qui viendraient nous rencontrer à l'improviste.

> Le 5 novembre
> Karen : coordination adéquate ; incapable de contrôler les rebonds d'un gros ballon — le frappe rapidement ; est plus à l'aise avec un petit ballon.
> 9:52 - Billy communique finalement avec quelq'un (Robert) à peu près 3 secondes ; s'est déplacé de lui-même. Les partenaires saluent les petits avec enthousiasme ; beaucoup de sourires.
>
> Jen et Carla ont écrit des phrases à côté de leurs dessins (voir échantillon daté dans le dossier).
> 6 novembre
> Tony est tombé sur le visage sur le goudron — sa mère a appelé.
> Allan a beaucoup sucé son pouce aujourd'hui, — semblait très fatigué.
> L'histoire de Joe raconte la mort de son chien ; à publier *

Quelle chance que nous n'ayons pas commencé à prendre des notes dans un cahier! Il était important que nous apprenions d'abord à observer, que nous nous entraînions à être concises et à sélectionner les moments importants. Maintenant que nous sommes des observatrices endurcies, notre journal de bord est un élément indispensable de la panoplie d'instruments qui nous permettent d'évaluer un enfant. À la fin de chaque semaine, nous passons en revue toutes les entrées, puis nous mettons en évidence et nous soulignons en couleurs tous les éléments significatifs que nous voulons avoir à portée de la main. Nous les reportons sur des étiquettes autocollantes, nous les datons et nous les plaçons dans les dossiers individuels. Souvent, nous ajoutons un commentaire, décrivons un plan d'action ou donnons notre interprétation de ce que nous avons observé. Il nous arrive aussi d'inclure une production de l'enfant qui illustre notre observation.

Bob Wortman, un ami et collègue de Tucson en Arizona, a éliminé l'étape de la transcription en notant ses observations sur une fiche qu'il a conçue : il y inscrit la description de l'événement, la date, le contexte et les noms des participants. Quand plusieurs événements ont été pris en note, il découpe les fiches et les colle dans les dossiers individuels des enfants ; il établit ainsi un dossier permanent sur les progrès de chaque enfant sans avoir besoin de retranscrire ses observations.

	Incident	Conséquences
Nom		
Nom		

Il n'y a évidemment pas de bonne ni de mauvaise façon de procéder : chacun établit son propre système pour observer les enfants et pour prendre des notes. Ce sera à vous de déterminer le système qui sera le plus utile à la fois pour vous et pour vos élèves.

Les enregistrements sonores

Les enregistrements sur cassettes permettent également d'établir de bons dossiers sur l'apprentissage de la lecture. Trois fois par an, nous enregistrons chaque élève en train de lire en ayant soin d'indiquer la date et la longueur de chaque session. Nous invitons chaque enfant à lire d'abord une histoire de son choix, puis un texte que nous choisissons. Ainsi, nous disposons d'un échantillon de lecture courante d'un texte qu'ils connaissent et d'un échantillon de lecture non préparée qui nous montre s'ils savent employer des stratégies de lecture pour des textes plus complexes ou inconnus. Tout en les écoutant, nous notons leur comportement : Se servent-ils des illustrations? Établissent-ils un lien entre ce qu'ils voient, ce qu'ils entendent et ce qu'ils disent? Sont-ils capables de lire des mots inconnus sans demander de l'aide?

Avant de procéder à l'enregistrement, nous expliquons aux enfants que nous voulons entendre la façon dont ils liraient une histoire si personne n'était là pour leur venir en aide. Nous leur demandons d'imaginer qu'ils se lisent une histoire à voix haute ou qu'ils lisent une histoire à leur petit frère ou à leur petite soeur, sans que personne d'autre n'écoute. Nous essayons de les mettre aussi à l'aise que possible et de créer un contexte qui soit aussi encourageant que pour n'importe quelle autre situation ordinaire où ils doivent prendre des risques. Nous ne voulons surtout pas qu'ils aient l'impression d'être testés ou qu'ils pensent que nous nous attendons à quelque chose de particulier.

Les enregistrements sur cassettes sont très utiles lorsque nous voulons donner des exemples ou illustrer un commentaire particulier à des parents. Nous pouvons leur faire entendre les différences que nous avons notées chez leur enfant dans diverses situations de lecture et nous pouvons mieux les aider à comprendre l'importance et la valeur de ces différences. Les parents ont souvent de la difficulté à accepter que la lecture de mémoire soit valable et ne comprennent pas toujours qu'un enfant puisse lire couramment dans un contexte mais pas dans un autre. Une cassette peut être un bon moyen d'aider un parent à comprendre ce qu'il entend à la maison.

Une cassette permet également de prendre conscience des progrès d'un enfant. À la fin de l'année, certains parents ont oublié ce que leurs enfants faisaient dix mois plus tôt et en écoutant ces enregistrements avec eux, vous pourrez faire entendre raison à ceux qui auraient fixé des objectifs irréalistes pour leurs enfants. Enfin, vous pourrez remettre ces cassettes à l'enseignant de l'année suivante qui pourra alors prendre connaissance de la progression de ses élèves avant qu'ils ne lui soient confiés.

Soyons cependant prudents, comme avec tout instrument d'évaluation d'ailleurs. Il ne faut jamais former son opinion à partir d'un seul échantillon de lecture : il est absolument essentiel de mettre plusieurs enregistrements en parallèle avec les autres renseignements que l'on a recueillis quotidiennement.

Les enregistrements audio-visuels

Les cassettes vidéo sont également des instruments d'évaluation efficaces. Le document visuel s'ajoute à l'enregistrement sonore pour nous montrer comment l'enfant tient son livre, où se portent ses yeux, s'il tourne les pages aux moments opportuns, etc. Cela ne nous empêche pas de prendre des notes pendant la lecture mais nous disposons maintenant d'un document qui stimulera notre mémoire et nous aidera à interpréter nos notes.

Une cassette vidéo est également un outil d'une valeur inestimable lorsque nous voulons expliquer à un parent ce que fait son enfant lorsqu'il lit en nous appuyant sur des exemples précis. Nous pouvons même interrompre la projection à un moment précis de façon à mieux voir ce qui se passe, préciser un point particulier ou ajouter un renseignement. Nous ne pouvons nous permettre d'avoir une cassette pour chaque enfant mais il est facile de repérer les sessions correspondant à chaque enfant en utilisant le compteur du magnétoscope. Nos élèves ont l'habitude d'être filmés et ils se conduisent aussi naturellement en présence de la caméra qu'en son absence.

Il nous arrive aussi de filmer des enfants pendant une période de travail individuel ou d'écriture personnelle pour enregistrer par exemple les interactions d'un enfant avec d'autres ou la façon dont il se concentre sur un travail. De telles cassettes constituent bien sûr de précieux documents lorsque nous voulons parler d'un enfant à ses parents.

Le classeur de conférences

Nous utilisons un classeur ordinaire à feuilles perforées pour prendre en note les lectures que les enfants font régulièrement avec nous, qu'il s'agisse des textes qu'ils choisissent eux-mêmes ou de ceux que nous choisissons pour eux.

Nous essayons de rencontrer chaque enfant au moins deux fois par semaine. Nous rencontrons certains enfants chaque jour, au moins pendant une courte période. Ces sessions sont des mini-conférences au cours desquelles nous parlons de la façon d'appliquer certaines stratégies et nous aidons les enfants à les utiliser. Ces rencontres ne durent que de trois à cinq minutes par enfant mais sont très efficaces pour aider les enfants à devenir indépendants (voir le chapitre six dans *Foundations of Literacy* de Don Holdaway).

Dans le classeur, nous notons le titre du passage lu et décrivons comment l'enfant a appliqué une stratégie particulière ou ce que nous avons travaillé avec lui. Chaque entrée est évidemment datée. Un onglet nous permet de repérer la page de chaque enfant rapidement. À la fin de l'année, nous avons un dossier complet sur la façon dont nous avons travaillé avec chaque enfant, sur les besoins que nous avons identifiés et sur les réactions de ces enfants aux stratégies que nous avons adoptées.

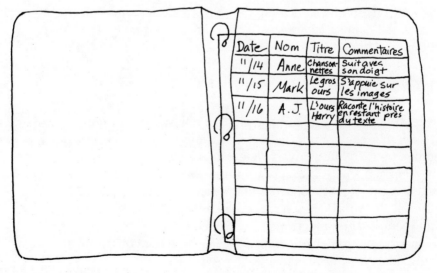

Profils établis au niveau préscolaire

Jusqu'à maintenant, nous avons parlé de recueillir des données chaque jour, chaque semaine ou chaque mois tout en travaillant avec les enfants, de rassembler des échantillons de leurs travaux et de noter nos observations. Nous pensons qu'il est également important de rassembler des données qui pourraient nous éclairer sur le développement du langage chez l'enfant avant son arrivée à l'école.

L'inscription : l'enfant

La période d'inscriptions du printemps est généralement la première occasion que vous avez d'obtenir des renseignements sur le groupe d'enfants de l'année suivante.

Traditionnellement, dans notre conseil scolaire comme dans la plupart des autres, l'enfant et au moins un parent étaient invités à l'école bien à l'avance afin de remplir une fiche de renseignements médicaux et de donner des indications sur les «aptitudes» de l'enfant : on vérifiait alors si l'enfant savait déjà colorier, compter et dessiner, reconnaître les lettres de l'alphabet, les couleurs et les formes. Les résultats de ces «tests» étaient classés à l'intention de l'enseignant de maternelle ou de première année qui recevrait les enfants en septembre. Ces renseignements n'étaient que rarement utilisés. Chaque enseignant avait plutôt tendance à faire sa propre évaluation de façon informelle quand les enfants étaient installés dans leur nouvelle classe. Au pire, on utilisait parfois ces renseignements pour classer les enfants et les placer dans des groupes «forts» ou «faibles» ou parfois même pour les séparer en classes de différents niveaux. Nous savons maintenant que ces enfants font ce que l'on «attend» d'eux et qu'ils quittent rarement le «courant» dans lequel ils avaient été placés au départ.

Cette procédure risque évidemment de perturber les parents et les enfants en créant un sentiment d'échec chez les uns et les autres. D'autre part, les renseignements obtenus de cette manière ne sont que peu utiles pour un enseignant intéressé par une méthode basée sur l'expérience langagière. Les listes d'aptitudes n'indiquent pas vraiment de façon valable si un enfant est prêt à suivre le programme de langage, car elles ne reflètent pas de manière précise le développement qui a déjà eu lieu. Les enseignants ont par contre besoin de savoir comment l'enfant réagit à un texte écrit, ce que veut dire pour lui «lire» et «écrire» et de savoir si on lui a lu beaucoup d'histoires à la maison.

Nous avons donc décidé d'aborder l'inscription des enfants de manière différente. Nous invitons parents et enfant à venir à l'école ensemble à une heure donnée et nous leur demandons l'autorisation de filmer l'entrevue. Lorsqu'ils arrivent, nous laissons l'enfant libre de se promener dans la classe afin qu'il se familiarise avec les lieux (nous avons bien sûr pris soin de laisser trois ou quatre livres attrayants sur la table) tandis que nous parlons brièvement avec le(s) parent(s) et que nous lui/leur faisons remplir les fiches exigées par les services de santé. Nous demandons ensuite à l'enfant de venir s'asseoir près de nous pendant que nous lui lisons à voix haute une histoire qu'il a choisie. Tout en lisant, nous le faisons participer aussi naturellement que possible en l'invitant à faire des commentaires sur les illustrations et sur l'histoire et, si cela est possible, en l'invitant à lire avec nous.

Ce court échange nous donne une idée du niveau de langage de l'enfant, nous révèle s'il aime les histoires et nous indique s'il a pu comprendre l'histoire et la relier à un événement familier de sa propre vie. Les réactions de l'enfant peuvent également être très révélatrices pour les parents. Une telle situation n'est menaçante ni pour les parents ni pour les enfants et il arrive souvent que les parents nous demandent pourquoi nous procédons ainsi. Nous espérons que cette conversation sera la première d'une longue série d'entretiens qui nous permettront entre autres d'insister auprès des parents sur l'importance de leur rôle.

Nous demandons ensuite à l'enfant de faire un dessin. Nous avons sur la table une variété d'instruments : craies de cire, crayons à mine, crayons de couleur, feutres fins et épais et différentes sortes de papiers. L'enfant est libre de choisir son (ses) instrument(s) et le papier qu'il veut. L'observation de l'enfant nous révèle alors beaucoup d'éléments : certains parlent de ce qu'ils dessinent, d'autres ajoutent des effets sonores à l'image qu'ils représentent; d'autres qui, de toute évidence, ont rarement dessiné, ne savent pas vraiment comment commencer. En parlant de nouveau avec l'enfant, nous apprenons à le connaître à partir de ses réactions et du langage qu'il utilise pour parler de ses dessins.

Enfin, nous demandons à l'enfant de nous écrire quelque chose. Rares sont les enfants qui hésitent à prendre un crayon ou un stylo pour nous écrire des lettres, des noms, des nombres, des mots écrits au mur, etc. Cela nous donne une idée du développement de l'écrit chez cet enfant et de son attitude face à l'écrit. Certains enfants disent ne pas savoir écrire mais nous pouvons généralement les persuader d'essayer de nous écrire un message. Quand l'enfant nous a écrit son message, nous lui demandons de nous le lire, une activité toute simple qui nous fournit une mine de renseignements dont nous ne disposions pas autrefois.

Plus tard, nous pourrons regarder la cassette vidéo et prendre des notes (sur étiquettes ou dans notre journal de bord) que nous retrouverons en septembre dans le dossier de l'enfant. Bien avant le début de l'année scolaire, nous avons déjà une bonne connaissance du développement langagier de chaque enfant.

L'inscription : les parents

Pendant que l'enfant se promène dans la classe et se familiarise avec les lieux, nous essayons de sonder l'attitude des parents à l'égard de la lecture et de déterminer ce qu'ils savent du processus d'apprentissage de la lecture et de l'écrit. Pour cela, nous avons mis au point «un formulaire d'enquête» à remplir par les parents.

Leur attitude et leur compréhension guideront beaucoup nos efforts pour communiquer avec eux, que ce soit à propos de notre programme ou des progrès de leur enfant au cours de l'année. Cette enquête nous donnera également des renseignements sur la façon dont le développement langagier de l'enfant a été influencé jusque là.

ENQUÊTE AUPRÈS DES PARENTS

1. Vous considérez-vous comme un bon lecteur/une bonne lectrice?_____

_____

2. Qu'aimez-vous lire?_____

_____

3. Combien de fois_____vous voit-il lire?
   - ☐ chaque jour   ☐ occasionnellement
   - ☐ fréquemment   ☐ jamais

Tests et listes à cocher

Certains tests un peu plus élaborés vous donneront d'excellents renseignements sur les enfants et il vous sera plus facile de faire vos observations si vous disposez d'une liste d'éléments à cocher.

Tests portant sur la prise de conscience de l'écrit

Mary Clay et David Doake ont mis au point des tests qui vous renseigneront à partir de la façon dont un enfant manipule un livre. Vous trouverez un test semblable, conçu par Yetta Goodman et Bess Altwerger, dans *Bookshelf Stage 1 Teacher's Resource Book*. Ces tests sont utiles pour des enfants qui vont entrer en maternelle ou en première année mais également pour des enfants de première année en difficulté.

Numéro	Administration	Instruction	Réponse	Réaction de l'enfant
1.	Montrer le livre Titre caché par la main Tourner les pages	Comment appelle-t-on cela? Qu'est-ce que c'est? Si l'enfant répond par le titre du livre, le noter et demander : «Qu'est-ce que (titre donné par l'enfant)?»	«un livre», «un livre d'histoires», «une histoire», le titre du livre	
2.	Montrer le livre	Qu'est-ce qu'on fait de cela?	«On le lit.», «On le regarde.», «On le raconte.», «On l'ouvre.»	
3.	Montrer le livre	Qu'est-ce qu'il y a à l'intérieur?	«une histoire», «des images», «des mots», «des pages», «des lettres», «des choses»	
4.	Présenter le livre à l'envers, le dos de la couverture face à l'enfant	Montre-moi le livre à l'endroit et ouvre-le pour qu'on puisse le lire ensemble.	Toute indication montrant la couverture ou la première page	
5.	Prendre la page 3	Tenir la page et dire : Montre-moi une page de ce livre. Est-ce une page?	Montre la page et dit : «oui»	
6.	Donner le livre à l'enfant	Lis-moi cette histoire.	Transcrire toutes les réponses.	

Tests sur la connaissance de soi

Certains enseignants jugent utile de faire passer des tests commerciaux à leurs élèves pour déterminer la façon dont ils se voient et leurs relations avec les autres.

Tests de déchiffrage

À un moment donné, vous voudrez peut-être savoir si certains de vos élèves savent déchiffrer des mots. Dans *Independence in Reading* de Don Holdaway, vous trouverez une liste de ces mots et une façon de déterminer si vos élèves peuvent les lire hors-contexte ou au contraire, s'ils peuvent les lire seulement dans un contexte. Le processus de reconnaissance des mots est totalement différent lorsque l'enfant se sert du contexte.

La liste de Holdaway a par ailleurs servi de base à une activité de déchiffrage programmée sur ordinateur par Steve Baskwill. Lorsque l'enseignant a sélectionné les mots qu'il veut présenter, le programme permet à l'enfant ou à un assistant d'appeler le mot qui lui sera présenté en contexte. L'enseignant pourra utiliser ce programme comme test de déchiffrage ou comme exercice d'entraînement pour des mots que les enfants ne connaissent pas ou connaissent seulement dans un contexte.

Listes d'apprentissages langagiers

D'abord une mise en garde contre les listes : quelle que soit l'utilisation que l'on en fasse, le fait qu'elles soient écrites de façon linéaire et séquentielle porte souvent leurs utilisateurs à penser que les événements mentionnés doivent se produire dans l'ordre établi. De plus, elles sont souvent considérées comme des listes de notions à enseigner.

Néanmoins, les listes d'aptitudes ont leur utilité. Elles peuvent en particulier vous apprendre à observer en vous faisant prendre conscience de ce qui est important et constituent encore un autre moyen de prendre des notes. Selon notre expérience, de telles listes sont souvent longues et un peu encombrantes : dans le but d'aider autant que possible, leurs concepteurs essaient de tout y inclure. Cependant, elles vous donnent une description détaillée de ce à quoi vous pouvez vous attendre de la part de vos élèves lorsqu'ils franchissent les principales étapes de l'apprentissage de la lecture et de l'écrit.

Dans notre région, chaque conseil scolaire a pu établir sa propre liste s'il pensait que cela était nécessaire. Le guide ministériel sur l'apprentissage du langage comprend une liste de comportements à observer répartis en trois étapes : la première étape de l'acquisition du langage, une étape de transition, puis l'étape de l'indépendance. Ce document, accompagné de tableaux qui énumèrent les aptitudes à atteindre en deuxième, quatrième et sixième année constitue un excellent point de départ pour les conseils scolaires qui veulent établir leurs propres listes. Ces listes ne sont évidemment que des guides : il ne s'agit pas de prescriptions à suivre rigoureusement. Le développement d'un enfant ne peut être ni fragmenté ni réglementé par un emploi du temps strict. Comme le programme établi est ambitieux, il faudra donner aux enfants suffisamment de temps pour l'assimiler.

Plusieurs maisons d'édition ont également inclus des listes de ce genre dans leurs programmes anglais d'expérience langagière. À titre de renseignement, vous pouvez consulter les guides pédagogiques des programmes suivants; ils comprennent des listes de points à observer concernant l'acquisition de la lecture et de l'écrit :

- *Bookshelf*, un programme australien disponible chez Scholastic.
- *Impressions*, un programme canadien disponible chez Holt, Rinehart and Winston.
- *Storybox*, un programme néo-zélandais disponible au Canada chez Ginn et aux États-Unis chez Wright Group.
- *A Writing Curriculum : Process and Conference*, publié par Gaelena Rowe and Bill Lomas.

Il est permis de photocopier chacune des listes incluses dans ces programmes.

Après avoir employé ces listes pendant un certain temps, vous penserez peut-être qu'elles prennent plus de temps qu'elles n'en valent la peine ou que vous n'utilisez pas vraiment les renseignements qu'elles contiennent ou encore que vous notez d'autres renseignements plus importants d'une autre façon. Dans ce cas, n'hésitez pas à mettre la liste de côté! La plus utile des listes est sans doute celle que vous avez en permanence à l'esprit et que vous utilisez pour observer quotidiennement vos élèves. Les listes préparées vous auront sans doute aidé à atteindre cet objectif.

L'analyse des erreurs

En analysant les erreurs commises par un enfant, vous comprendrez mieux les stratégies qu'il emploie pour lire. Une telle approche est une nouvelle façon de concevoir l'apprentissage du langage. Yetta Goodman et Carolyn Burke ont mis au point un ensemble de questions extrêmement utiles pour les conseillers pédagogiques, les orthopédagogues et les enseignants qui peuvent se permettre de prendre plusieurs périodes consécutives pour administrer le test et pour le corriger. Malheureusement, une telle procédure prend beaucoup de temps et elle est pratiquement inapplicable par un enseignant responsable d'une classe. Cependant, si on la modifie tel qu'indiqué ci-dessous, n'importe quel enseignant pourra l'utiliser et en tirera autant de données.

Vous commencez par noter les erreurs commises par un enfant qui lit un passage à voix haute, puis les renseignements que vous recueillez quand l'enfant vous raconte l'histoire après la première lecture. Avant le début de la séance, vous faites deux copies du passage à lire : une pour l'enfant, l'autre pour vous. Il serait préférable que les lignes de votre copie soient espacées d'un double interligne afin que vous puissiez plus facilement indiquer les erreurs commises et noter ce que l'enfant fait ou dit lorsqu'il lit. Il est également recommandé d'enregistrer la lecture sur cassette afin de pouvoir écouter l'enfant une seconde fois et noter les erreurs qui vous auraient échappé lors de la lecture. Vous pouvez ensuite examiner le type, l'importance et la fréquence des erreurs.

- L'enfant attachait-il de l'importance au sens?
- Ses erreurs modifiaient-elles le sens du texte ou le sens du texte était-il conservé?
- Que faisait l'enfant lorsqu'il rencontrait un mot inconnu?
- L'enfant attachait-il trop d'importance à l'apparence physique des mots?
- Faisait-il trop de déchiffrage de syllabes au lieu de s'appuyer sur le sens du texte?
- L'enfant a-t-il sauté trop de mots sans essayer de les reprendre? Cela a-t-il constitué un handicap au moment de redire l'histoire?

> Je marchais dans la rue
> et j'ai vu ~~une petite grenouille~~ un petit crapaud
>
> *remplacé par crapaud*
>
> Je l'ai ~~rattrapé.~~ attrapé
>
> Je l'ai ramassé,
>
> et je l'ai mis dans une ~~cage~~ boîte

    La façon dont vous interprétez ce que fait l'enfant reflétera votre conception de la lecture. Si, par exemple, un enfant lit *mare* au lieu de *mère*, un enseignant favorable à une méthode syllabique sera relativement satisfait car l'enfant aura identifié et prononcé la plupart des lettres du mot. Si par contre vous croyez que lire est avant tout donner un sens à un texte, vous vous inquiéterez de voir que l'enfant attache trop d'importance aux sons et pas assez au sens. Vous auriez préféré que l'enfant lise *maman* même si ce mot ne ressemble pas à celui du texte et se prononce différemment. Le sens du texte aurait au moins été sauvegardé.

    L'analyse des erreurs vous donne des renseignements qui vous permettent de faire des constatations importantes et de prendre les décisions qui s'imposent concernant le stade de développement de la lecture de chaque enfant. Même si vous vous contentez d'effectuer une analyse simple et de faire redire l'histoire à l'enfant, vous gagnerez en efficacité. Quand vous serez plus à l'aise avec cette approche, vous constaterez que votre façon d'écouter lire un enfant changera. Dans la plupart des cas, vous vous surprendrez à faire des analyses mentalement et sur le champ et vous ne vous lancerez dans des analyses plus complètes qu'avec des enfants en difficulté.

LISTE DES ERREURS DE LECTURE

Nom_____Date_____
Passage choisi_____

Cocher dans la case appropriée quand l'enfant fait une erreur.
Encercler la marque si l'enfant remarque son erreur et essaie de la corriger.

Type d'erreur	Erreur n'entraînant pas de contre-sens («mère» pour «maman»)	Erreur entraînant un contre-sens («mère» pour «mare»)
Substitution		
Omission		
Insertion		
Répétition		
Inversion		

Résumé :
Nombre total d'erreurs   _____
Erreurs n'entraînant pas de contre-sens   _____
Erreurs entraînant un contre-sens   _____
Tentatives de correction   _____

Commentaires :
_____
_____
_____

TIRÉ DE IMPRESSIONS EVALUATION MASTERS
© HOLT, REINHART AND WINSTON OF CANADA LIMITED 279

Les tests standardisés

Le débat sur l'utilité des tests standardisés n'est pas nouveau et n'est certainement pas terminé. Certains conseils scolaires et certaines régions les imposent. Certains même les prennent tellement au sérieux qu'ils en publient les résultats dans la presse locale. Si vous devez faire passer de tels tests, ne les considérez que pour ce qu'ils sont : ils feront état de la performance d'un enfant le jour où il a passé le test mais n'indiqueront certainement pas si cet enfant sait lire.

Un enfant investit beaucoup plus dans une situation de lecture que ce que l'on peut mesurer lors d'un test. Les auteurs du test clameront peut-être que leur instrument peut mesurer le vocabulaire d'un enfant mais comme l'a indiqué Holdaway, le contexte est un élément important dans l'identification du vocabulaire. Le test vous indiquera seulement comment l'enfant réagit en face de mots pris hors-contexte et dans des textes n'ayant aucun lien avec la réalité.

Si par ailleurs vous avez fondé l'essentiel de votre programme sur des documents de littérature enfantine, vos élèves n'auront pas été habitués au langage des tests standardisés; ils seront donc considérablement désavantagés au moment du test. Nous vous suggérons dans ce cas de les habituer à ce type de langage, sans leur faire passer le vrai test évidemment, afin de les familiariser avec le type de questions qu'on leur posera et de les entraîner à y répondre. Si les dessins du test sont vieux, comme c'est souvent le cas dans les tests destinés à de jeunes lecteurs, il est essentiel que vous leur montriez des illustrations de vieux manuels. Vous voulez qu'ils sachent reconnaître cet étrange appareil qu'on appelait déjà un aspirateur mais qui ne ressemble en rien à ceux d'aujourd'hui!

Le plus important est sans doute que vous expliquiez honnêtement à vos élèves le test qu'ils vont passer. Ne le faites pas de manière négative; après tout, vous voulez qu'ils abordent l'épreuve avec confiance et en pleine possession de leurs moyens. Vous voulez aussi qu'ils sachent qu'il y aura des questions faciles et des questions difficiles, que vous ne vous attendez pas à ce qu'ils connaissent toutes les réponses et que certains d'entre eux auront moins de difficultés que d'autres. Expliquez-leur que le test mesurera la façon dont ils auront répondu aux questions du test et qu'il ne mesurera pas la façon dont ils lisent. Préparez également les parents bien à l'avance afin qu'ils sachent quel test sera administré et ce qu'il mesure réellement par opposition à ce que les auteurs du test affirment mesurer.

Les classes moyennes du cycle élémentaire : bâtir sur la réussite

Jusqu'à maintenant, nous avons fait référence aux classes primaires où l'expérience langagière est généralement favorisée et où les enseignants sont conscients qu'il faut adopter des techniques d'évaluation plus efficaces. Pourtant, le besoin est tout aussi réel dans les classes moyennes du cycle élémentaire où l'évaluation poursuit les mêmes objectifs :

- découvrir comment on peut aider un enfant à progresser davantage;
- mesurer la validité et l'efficacité de notre enseignement;
- informer aussi complètment que possible les parents et nos collègues des progrès d'un enfant.

Les techniques que vous employez habituellement répondent-elles à ces objectifs? Si elles n'y répondent pas ou si vous ne savez honnêtement pas la réponse, vous êtes peut-être prêt à envisager certains changements. Vous trouverez de nombreuses suggestions dans ce chapitre mais si vous avez sauté le premier en pensant qu'il ne vous concernait pas, nous vous conseillons de commencer par le lire. Les enseignants des classes moyennes du cycle élémentaire viennent seulement de commencer à remettre l'évaluation en question, mais ils feront des progrès substantiels s'ils comprennent ce qui se passe dans les petites classes et s'efforcent de le perfectionner et de le développer.

De plus en plus, les enseignants des classes moyennes commencent à observer leurs élèves en train de développer leurs aptitudes langagières. Ils se mettent à l'écoute du processus d'apprentissage de la langue et découvrent la façon dont les enfants apprennent réellement à lire et à écrire à différents âges. Comme leurs collègues des classes primaires, ils se rendent compte que les élèves apprennent plus ou moins de la même façon quel que soit leur âge. Leurs élèves apprennent d'autant mieux si le matériel qui leur est proposé les intéresse et a une vraie signification pour eux. Ils apprennent mieux lorsqu'ils se sentent en sécurité et soutenus par ceux qui les entourent et lorsqu'on les encourage à prendre des risques. Ils apprennent plus vite lorsqu'ils sont impliqués dans des activités dont ils ont pris l'initiative et lorsqu'ils voient des individus, en qui ils ont confiance, engagés dans des activités semblables. Conscients de cela, de nombreux enseignants commencent à reconnaître les limites et les inconvénients des instruments d'évaluation qu'ils avaient l'habitude d'employer. Comment de tels apprentissages peuvent-ils être mesurés par un système de lettres et de chiffres dénués de toute signification qui, au mieux, sont arbitraires et au pire, vont à l'encontre des efforts d'apprentissage fournis par l'enfant?

Bien qu'un grand nombre de publications et de programmes soient déjà disponibles nous devons comprendre que les enseignants des classes moyennes viennent seulement de commencer à remettre en question leurs méthodes d'évaluation. Si vous appartenez à ce groupe d'enseignants, attendez-vous à vivre une période intéressante durant laquelle spécialistes et chercheurs s'efforceront de répondre à vos besoins. Nous tenons cependant à vous inviter à la prudence : ne vous lancez pas à corps perdu dans la réforme en essayant immédiatement de faire tout ce que vous lisez ou entendez. Prenez le temps de vous familiariser avec les nouveaux instruments d'évaluation. Essayez-en un nombre limité à la fois et fiez-vous à votre jugement pour choisir ceux qui seront les plus efficaces et les mieux appropriés à vos besoins. Rappelez-vous également que le changement, le véritable changement, ne se produira que si les enseignants prennent la responsabilité de le mener à bien dans leurs propres classes. N'attendez pas que quelqu'un produise l'instrument «parfait» que vous pourrez imiter.

Les profils d'apprentissage

Tous les enseignants aimeraient avoir autant de renseignements que possible sur leurs élèves dès le premier jour de classe. Malheureusement, un dossier plein de notes et d'appréciations accumulées l'année précédente ne vous apprendra que très peu sur la façon dont vos élèves apprennent, sur ce qu'ils savent déjà, et sur la façon dont vous pourrez le mieux leur venir en aide : n'est-ce pourtant pas là le coeur de notre philosophie de l'évaluation?

Il faut souvent un certain temps avant de connaître ses propres élèves, mais vous pourrez accélérer le processus en établissant des profils d'apprentissage dès le début de l'année. De tels dossiers vous renseignent sur les stratégies qu'adoptent vos élèves et leur attitude vis-à-vis leur propre développement. Parfois, les renseignements que vous obtiendrez vous feront simplement prendre conscience du fait que vous devez chercher davantage mais parfois, ils vous permettront d'identifier certains besoins spécifiques. Malheureusement, les profils d'apprentissage ne vous fourniront pas une image complète de la progression passée de l'enfant dans le domaine du langage. Vous ne connaîtrez qu'une partie de la réalité, mais il s'agit d'une partie importante qui constituera pour vous un point de départ. Au lieu d'attendre plusieurs mois avant de connaître vos élèves et de comprendre leurs besoins, vous serez en mesure de communiquer avec eux et de les aider d'une manière personnelle et significative dès les premières semaines de l'année.

Commencer l'année scolaire de cette façon exige du temps et de la préparation, mais les bénéfices en valent la peine et de nombreux enseignants sont ravis de prendre ce temps. Certains reportent le début de leur programme de langage de plusieurs semaines, se contentant de mettre à la disposition des enfants différents documents de lecture et les laissant libres de choisir et de lire ce qu'ils veulent, pendant qu'ils travaillent individuellement avec chacun afin d'établir les profils.

Il est préférable de mener des enquêtes et de donner des questionnaires individuellement, mais vous serez peut-être obligé de distribuer des imprimés à l'ensemble de la classe et d'en discuter les réponses individuellement à une date ultérieure. Vous pourrez également décider d'emprunter une heure par semaine à un autre sujet. Après tout, le développement du langage n'est pas limité à une seule matière : il se retrouve partout, que ce soit à l'intérieur ou à l'extérieur de la classe.

La lecture

Pour commencer l'élaboration de vos profils, vous pouvez faire passer un test qui vous renseignera sur les intérêts des enfants et sur leurs attitudes face à la lecture. Vous apprendrez ce que les enfants aiment lire, ce qu'ils pensent de la lecture et ce qu'ils connaissent du processus de la lecture. Vous voudrez peut-être aussi enregistrer vos élèves lorsqu'ils lisent un passage qu'ils ont choisi, puis un passage que vous avez choisi.

Il existe également d'autres enquêtes comparables à celle que nous vous suggérons ci-dessous. Vous en utilisez peut-être déjà une ou vous voulez peut-être en élaborer une qui réponde mieux à vos besoins.

Établir ce type de profil très complet prend évidemment beaucoup de temps mais il s'agit de temps bien investi. Vous disposerez alors d'une grande quantité de renseignements utiles sur chaque enfant et pourrez vous servir immédiatement de ces connaissances pour préparer des conférences, recommander des livres que vos enfants aimeraient lire et déterminer comment vous pourrez le mieux les aider à devenir de bons lecteurs.

Liste de mes intérêts personnels

Nom_____
Date_____

Ma famille (y compris mes animaux familiers)_____
_____
_____

Ma taille_____ Mon poids_____
Mes meilleur(e)s ami(e)s_____
_____

Ce qui m'intéresse le plus_____
_____

L'écrit

N'oubliez pas d'inclure des travaux écrits dans votre profil. Demandez à vos élèves d'écrire de courts passages et expliquez-leur que vous les utiliserez pour savoir comment ils écrivent et pour déterminer comment vous, leur professeur, pourrez le mieux les aider à améliorer leur écrit. Dites-leur qu'ils devraient essayer de vous montrer tout ce qu'ils savent faire : employer des majuscules, mettre la ponctuation, donner un titre, choisir des idées intéressantes, etc. Rappelez-leur de surveiller leur orthographe mais que s'ils ne sont pas sûrs d'un mot, qu'ils essaient de l'écrire le mieux qu'ils peuvent. Vous pouvez vous procurer des échantillons de travail de tous les élèves en même temps en consacrant une quinzaine de minutes à l'activité et en ramassant les textes, même s'ils ne sont pas terminés.

Rencontrez chaque enfant individuellement dès que possible et ensemble, dressez la liste des aptitudes qu'ils ont démontrées. Faites deux copies de cette liste : une pour le classeur de travaux écrits de l'enfant et l'autre que vous agraferez au texte en question. Demandez aussi à l'enfant s'il veut vous montrer une autre aptitude qu'il possède dans le domaine de l'écrit. Donnez-lui l'occasion de vous la montrer et joignez ce deuxième échantillon au premier. Vous pourrez prendre de tels échantillons de cette façon chaque mois et les comparer.

Rappelez-vous que ces premiers échantillons ne vous montreront pas toutes les aptitudes de vos élèves à l'écrit. Il ne s'agit que d'un début. À mesure que votre programme se développera, vous aurez de plus en plus de conférences avec vos élèves et vous recueillerez de nombreux échantillons d'écrits. Ne vous inquiétez pas si vous constatez que vos élèves n'utilisent pas certaines aptitudes qu'ils semblaient avoir acquises lors d'un travail précédent. Ils étaient peut-être tellement absorbés par leurs idées ou occupés à utiliser une nouvelle aptitude qu'ils ont oublié d'utiliser une ancienne technique. Soyez patient. Ne vous affolez pas sans raison. Apprentissage et progrès exigent beaucoup de temps.

L'orthographe

Pourquoi ne pas inclure dans le profil des enfants des renseignements concernant leurs aptitudes en orthographe? Le but de cette démarche ne sera pas de déterminer le nombre de mots qu'ils peuvent écrire correctement mais plutôt de comprendre les stratégies qu'ils adoptent.

- Quels indices utilisent-ils? Quels types d'erreurs commettent-ils?
- Comment réagissent-ils lorsqu'ils ne sont pas certains de l'orthographe d'un mot?
- Montrent-ils qu'ils connaissent les règles d'orthographe?
- Quels points communs retrouve-t-on dans leurs fautes?

Pour trouver des réponses à ces questions, il vous suffira de demander aux enfants d'écrire une liste ne dépassant pas vingt mots, que vous leur dicterez. Expliquez-leur d'abord pourquoi vous faites cela : il ne s'agit pas d'un test mais simplement d'une activité qui vous permettra de mieux les aider à ne plus faire de fautes. Rappelez-leur que vous n'êtes pas intéressé à savoir combien ils ont fait de fautes ni combien ils ont écrit de mots justes et encouragez-les à essayer le mieux qu'ils peuvent. Vous ne leur donnerez pas l'orthographe des mots mais vous êtes prêt à leur en donner le sens s'ils le désirent. Choisissez des mots qui ne sont ni «trop faciles» ni «trop difficiles» et dictez-en certains isolés et d'autres en contexte. Asseyez-vous ensuite avec chacun de vos élèves et revoyez la liste ensemble. Posez des questions de ce type :

- Quels mots penses-tu avoir écrit correctement?
- Quels mots n'es-tu pas sûr d'avoir écrit correctement?
- Pourquoi as-tu choisi d'écrire ce mot ainsi?
- De quelle autre façon aurais-tu pu écrire ce mot?
- Puisque ce mot est mal écrit, comment pourrais-tu en trouver l'orthographe correcte?

Les notes descriptives

Les suggestions que nous avons faites auparavant concernant les jeunes enfants sont tout aussi valables pour l'évaluation des progrès des enfants plus âgés. Notez simplement vos observations : les livres qu'ils choisissent, les remarques qu'ils font concernant leurs intérêts, leurs réflexions ou leurs compétences, les stratégies qu'ils emploient pour lire, pour écrire, etc. Gardez un carnet de notes à portée de la main afin de pouvoir y inscrire tout ce qui risque de vous intéresser plus tard.

Au début, vous risquez de trouver cela plus difficile que vos collègues des classes du niveau primaire. Vous savez évidemment ce que vos élèves lisent et écrivent, mais vous n'êtes pas nécessairement conscient de la façon dont ils procèdent lorsqu'ils lisent ou qu'ils écrivent. Vous aurez tôt fait de voir les choses différemment.

- Vous vous mettrez à l'écoute de ces enfants qui commencent plusieurs livres mais semblent ne jamais en finir un.
- Vous remarquerez ceux qui ne lisent qu'un seul type de livres, des livres d'un genre particulier, d'un certain auteur ou des livres recommandés par leurs amis.
- Vous constaterez que certains enfants attachent tellement d'importance à la propreté, à l'orthographe et aux conventions de l'écrit qu'ils sont pratiquement incapables de mettre leurs pensées sur papier.
- Vous observerez ceux qui s'arrêtent de lire à chaque mot qu'ils ne connaissent pas et demandent de l'aide à un voisin.

- Lorsque vous aurez acquis davantage d'expérience, vous remarquerez des détails plus subtils : Suzanne écrit de bons récits; Bruce semble très intéressé par les thèmes touchant à la télévision; Tony est moins frustré lorsqu'on lui donne l'occasion d'expliquer ce qu'il ressent; Caroline commence à inclure des dialogues dans ses textes.

Il vous arrivera de vouloir en connaître beaucoup plus sur un enfant en particulier : il ne progresse pas comme vous l'attendiez, ou il se montre frustré dans des situations qui semblent pourtant adaptées à son niveau. Peut-être que vos observations auront mis à jour certaines incohérences? Les instruments d'évaluation décrits précédemment vous aideront à y voir plus clair.

Journal des comptes rendus de conférences

Si votre programme de lecture est basé sur les sélections que font individuellement vos élèves et si vous les rencontrez lors de conférences pour leurs travaux écrits, vous devrez tenir un journal de comptes rendus de conférences. En ce qui concerne la lecture, une page par enfant vous suffira pour faire un compte rendu complet et suivi des discussions que vous aurez eues sur chaque livre lu. Nous préférons utiliser un classeur ordinaire à trois anneaux pour prendre en note les commentaires intéressants que font les enfants, leurs réflexions sur ce qu'ils ont compris, leurs idées à propos d'éventuels prolongements, etc. Votre journal de comptes rendus sur l'écrit se présentera de la même façon. Ne pensez pas que vous devez écrire des pages de notes. Des commentaires du genre *a discuté l'introduction, veut publier son livre plus tard, continue à travailler sur l'histoire de son grand-père, a eu de la difficulté à relire le passage* sont courts mais ils constituent des renseignements et des rappels que vous voudrez peut-être reprendre lors de votre prochaine conférence avec l'enfant.

Comptes rendus des conférences	Nom_____

Titre du livre_____ Date_____
Commentaires_____
_____
_____
_____
_____
_____

Les listes de points à observer

Vous trouverez des listes concernant le développement de l'enfant dans les publications suivantes : *Independence in Reading* de Don Holdaway, *Language Arts in the Elementary School* publié par le ministère de l'Éducation de la Nouvelle-Écosse, *Reading, Writing and Caring* publié par Whole Language Consultants ainsi que dans les guides pédagogiques de plusieurs programmes de lecture.

Attention cependant : ces listes ne sont que des guides; elles ne servent pas à vérifier qui fait ou ne fait pas telle ou telle chose. Elles vous seront cependant utiles car elles indiquent le langage à utiliser pour décrire ce que l'on voit et sont encore plus utiles comme références. Elles devraient vous servir de points de départ pour développer la meilleure des listes : *celle que vous garderez en permanence à l'esprit.* Quand vous serez plus à l'aise avec les points qui figurent sur ces listes préparées, vous prendrez l'habitude de noter vos propres remarques : les questions qui se posent lorsque vous communiquez avec les enfants, les commentaires qui vous renseignent sur leur façon de penser ou d'apprendre, des extraits de vos propres pensées et réflexions sur ce que vous avez observé.

Les travaux des enfants

Vous avez peut-être déjà l'habitude de conserver des travaux d'enfants : des tests, des textes terminés, des rapports de livres, etc. Nous proposons de conserver un assortiment plus varié de documents afin de refléter l'ensemble du programme. Sélectionnez des échantillons d'écrits qui témoignent de la progression et de l'évolution de vos élèves : la première fois qu'ils ont essayé une convention ou un format particuliers, une critique ou un commentaire intéressants qu'ils ont faits sur un livre qu'ils ont lu, la copie d'un casse-tête qu'ils ont mis au point, le plan d'une maquette qu'ils envisagent de construire, une liste de questions sur un thème qu'ils aimeraient étudier, une séance de «brain-storming», une enquête qu'ils ont réalisée, une carte qu'ils ont dessinée, etc. Il vous arrivera aussi de vouloir ramasser des travaux sur lesquels ils sont toujours en train de travailler, des documents que vous aimeriez garder tels qu'ils sont dans le dossier de travaux écrits ou dans le cahier de travail par thèmes. N'hésitez pas à faire des photocopies des documents et écrivez des numéros de référence au dos des originaux. Conservez chaque travail d'enfant dans un dossier et inscrivez le contenu du dossier sur la couverture.

N'essayez pas de tout garder. Soyez sélectif de façon à ne conserver que les documents susceptibles de vous renseigner sur la façon de penser et d'apprendre d'un enfant. Ne vous limitez pas non plus aux travaux terminés : vous pouvez apprendre beaucoup des entreprises abandonnées, des brouillons, des révisions et des expériences. Votre but n'est pas d'évaluer chaque travail individuellement mais de mesurer les progrès de l'enfant.

Si vous travaillez par thèmes, vous tiendrez peut-être à regrouper tous les documents reliés à un thème dans un même dossier, par exemple un classeur à trois anneaux. Encouragez vos élèves à garder tous leurs travaux ensemble de façon à pouvoir mieux suivre leur évolution et leurs progrès, en consultant par exemple tous les travaux autour d'un même thème. Un simple coup d'oeil dans les classeurs d'un seul enfant vous permettra de mesurer ses progrès sur une période prolongée.

Les dossiers d'auto-évaluation

Certains types d'évaluation permettent aux enfants de suivre leur propre progression et leurs propres réalisations.

Le registre des lectures

Chaque enfant note toutes les lectures qu'il fait sur son registre individuel de lecture. Vous pouvez préparer une fiche sur le modèle suivant :

Registre des lectures	Nom_____

Titre du livre_____
Auteur_____ Date_____
Critique_____
_____
_____

Recommandation_____
_____

Activité_____
_____

Remarques_____
_____
_____

Le registre des textes

On peut garder le même genre de notes sur les textes écrits par chaque enfant. Don Graves et Lucy McCormick suggèrent que chaque enfant établisse et tienne à jour une liste des compétences qu'il a acquises à l'écrit. On se contentera d'une simple feuille agrafée au dossier de travaux écrits à laquelle on pourra donner les titres suivants : Les aptitudes que j'ai acquises; La liste de ce que je sais faire; Les aptitudes que (nom de l'enfant) sait utiliser; etc. À mesure que vous prenez conscience des aptitudes et des stratégies acquises par l'enfant lors des conférences individuelles, vous les inscrivez sur la liste. Celle-ci pourra comprendre des stratégies que l'enfant essaie pour la première fois, d'autres avec lesquelles il a déjà travaillé auparavant et d'autres qu'il sait bien employer.

Le registre des apprentissages

Dans le registre des apprentissages, les enfants notent ce qu'ils ont appris : ils viennent de découvrir une nouvelle notion; ils ont compris comment fonctionnait telle chose ou la façon de relier des données, ils ont appris une nouvelle manière de faire quelque chose, etc. Un tel registre est particulièrement utile dans des matières telles que les sciences, les sciences humaines et les mathématiques. Vous pouvez instantanément voir comment les enfants assimilent ce qui se déroule dans la classe et comment ils perçoivent l'information qui leur est communiquée. Sont-ils capables de décrire ce qu'ils ont appris? D'établir des relations? D'organiser des idées isolées pour en faire un raisonnement cohérent?

> J'ai apris qu'on doit écrir sur les chose qu'on connait, si on fait semblan de savoir on se trompe ou on mélange tout nous comprend ce que je veu dire. Tu peux inventer des histoire, je ne veux pas t'en empêcher, mais bonn chance

> Aujourd'ui on a fait une expérience en science avec de la farine, de l'eau et du sucre et de l'eau. Nous avons apris que le sucre et l'eau se dissolve d'abor et l'eau et la farine ne se disolvent pas mais l'eau et la farine font de la colle.

> Aujourd'ui j'ai appris qu'il y a beaucoup de systèmes dans notre corp. Si l'un d'entre eux ne fônctionait pas, nous pourions devenir très malade.
> En mathématiques j'ai apris que lorsqu'on multipli un nombre décimal par un multiple de cent on déplase la virgule vers la droite autant de fois qu'il y a de zéros, et on fait l'invers quand on divise. En science nous avons parlé des forces. Nous étions tous autour de la table et un garçon était assis desus; nous avons réussi à le soulver au dessus de nos tête en utilisant seulement deux doits chacun.
> En sciences humanes, nous avons parlé des Irlandais et des dificultés qu'ils ont eu pour s'installer en Nouvelle-Écosse car ils n'étaient pas de bons fermiers.

Au bout d'un certain temps, les enfants comprennent mieux ce qu'il est important de noter, savent mieux exprimer ce qu'ils veulent dire, etc. Cette technique peut devenir un outil pédagogique efficace, pas seulement pour les enfants mais également pour vous lorsque vous vous rendrez compte que les messages reçus par vos élèves ne sont absolument pas ceux que vous pensiez leur avoir donnés!

L'analyse des erreurs

L'analyse des erreurs est un outil précieux qui vous aidera à véritablement comprendre les stratégies que les enfants utilisent quand ils lisent. Ne pensez pas que les enfants des grandes classes sont des lecteurs indépendants, capables d'employer toutes les stratégies de lecture avec compétence. Vous devez continuer à les écouter lire pour déterminer quelles stratégies ils emploient et s'ils les appliquent de manière efficace. En analysant leurs erreurs, on pourra répondre à certaines des questions suivantes :

- Est-ce qu'ils s'appuient trop sur une seule stratégie?
- Lorsqu'une stratégie ne leur permet pas de lire le mot, est-ce qu'ils abandonnent ou en essaient une autre?
- Est-ce qu'ils lisent pour le sens du texte ou font-ils du déchiffrage mot à mot?
- Comprennent-ils ce qu'ils lisent?

Les tests

Dans les classes moyennes de l'élémentaire, particulièrement en sciences et en études sociales, il est fréquent que l'on discute un certain nombre de données, qu'on les mémorise et qu'on les reproduise au moment d'un test. Les projets, les activités spéciales et la participation de l'élève sont souvent considérés comme des activités supplémentaires. Pourtant, de plus en plus d'enseignants sont prêts à remettre en question l'utilité des tests collectifs. Est-ce qu'on les donne pour savoir ce que les enfants ont retenu, pour déterminer ce qu'ils ne savent pas, pour découvrir s'ils comprennent ce qui a été discuté ou pour obtenir une note que l'on inscrira sur le bulletin?

Si vous avez recours à des tests pour évaluer les progrès de vos élèves, assurez-vous qu'ils reflètent ce sur quoi vous avez insisté lors de vos leçons. Si vous voulez simplement déterminer les notions que vos élèves ont apprises, donnez un test qui les interroge sur ces données. Deux questions se posent cependant : Que faites-vous s'ils n'ont pas acquis les notions que vous vouliez leur faire assimiler? Les leçons de sciences et d'études sociales n'ont-elles pas d'autres objectifs et par conséquent, n'y a-t-il pas une meilleure façon d'évaluer les apprentissages des enfants pour une unité particulière?

À notre avis, il serait plus intéressant de déterminer si vos élèves comprennent ce qu'ils ont appris. Nous proposons de leur poser des questions qui les obligent à utiliser les notions qu'ils ont étudiées. Nous leur demandons leur opinion, les encourageons à réfléchir à l'importance de ce qu'ils ont appris et leur demandons d'utiliser ces notions de manière significative. Bien conçu, un test nous indiquera ce que les enfants ont retenu, mais aussi la façon dont ils perçoivent, comprennent et traitent l'information qui leur est donnée.

Tout cela dépend beaucoup de la façon dont sont formulées les questions. Les tests à choix multiples, les exercices de closure et ceux pour lesquels il faut faire correspondre une réponse à la question ne nous laissent pas pénétrer dans le système de pensée de l'enfant. Nous recommandons des questions qui les forcent à réfléchir :

- Supposons que . . .
- Que se passerait-il si . . .
- Si les faits suivants sont vrais, que pensez-vous . . .
- Que feriez-vous si . . .
- Comment réagiriez-vous si vous vous trouviez dans la situation suivante? . . .
- En tenant compte de ce que vous savez sur . . ., que suggèreriez-vous . . .

Invitez vos élèves à résumer les connaissances les plus importantes dans un domaine particulier, à justifier leur opinion, à préparer des questions sur ce sujet, à dire ce qu'ils ont trouvé de plus intéressant, à dresser une liste des matériaux dont ils auront besoin pour faire une expérience ou à représenter de façon créative une affirmation ou une situation. Proposez-leur de faire une affiche qui fournisse des données sur ce sujet ou d'écrire un article de journal sur ce même sujet. De temps en temps, posez une question hypothétique en vous appuyant sur des données résultant de votre étude.

Avec un tel test, le concept de la «question à laquelle on donne une réponse juste ou fausse» semble avoir disparu. Les opinions exprimées peuvent être fausses, mais aussi étonnant que cela puisse paraître, il est toujours possible d'évaluer les données et la ligne de pensée adoptée pour y arriver. Vous ne mesurerez pas le nombre de faits que les enfants ont retenus mais la façon dont ils les utilisent. Et c'est bien là le véritable objectif des programmes de sciences et de sciences humaines.

Lorsque nous explorons les différentes facettes d'un domaine, notre objectif n'est pas de remplir la tête des enfants de faits isolés. Nous voulons plutôt qu'ils sachent effectuer des recherches, trouver les réponses à nos questions, utiliser des données pour résoudre un problème, faire des prédictions et des expériences. Si nous faisons un retour sur notre propre éducation, nous constatons que nous avons retenu peu de faits isolés. Nous avons retenu ceux qui avaient une signification réelle car nous avons pu les relier à des connaissances acquises antérieurement, ceux que nous avons trouvés utiles ou intéressants, ceux que nous avons utilisés dans la réalité. Les données que nous avions simplement mémorisées pour un test ont été oubliées depuis longtemps. Nous les avons gardées en mémoire tant que nous avions une raison pour le faire : une fois le test passé, la plupart de ces données se sont évanouies.

Si vous êtes tenu de fournir des notes ou des lettres pour les bulletins de votre école, donnez des notes qui reflètent les aptitudes de vos élèves à utiliser l'information. Complétez ces notes par un commentaire décrivant les points forts, les intérêts et les réalisations des enfants ainsi que les stratégies et les processus qu'ils ont utilisés et assimilés.

Les projets

Les projets réalisés par les enfants des classes moyennes sont généralement pris en considération dans l'évaluation. Certains enseignants établissent un contrat avec l'élève afin de l'impliquer dans le processus d'évaluation et de mieux pouvoir suivre l'évolution de son travail. En accord avec l'enseignant, l'enfant choisit le sujet et le format du projet ainsi que les critères d'évaluation. Il est cependant important de garder assez de flexibilité dans ces contrats afin de permettre à l'enfant de modifier ses plans ou de poursuivre des intérêts qui seraient nés au cours du projet.

Si vous décidez d'imposer des projets et de les évaluer vous-même, assurez-vous que vos élèves connaissent vos critères d'évaluation avant de commencer à faire leurs plans ou à travailler. Vous pouvez faire porter votre évaluation sur un plus grand éventail d'activités en invitant vos élèves à vous remettre les brouillons qu'ils ont faits pendant la préparation de leur projet. De cette façon, vous serez également en mesure de faire des observations sur leurs aptitudes à planifier, à réviser et à présenter une idée de manière efficace.

Comme pour tout ce que vous évaluez, assurez-vous que tout reste entre l'enfant concerné et vous. Les évaluations devraient être écrites sur une feuille agrafée au projet de façon à ce qu'on puisse la retirer au moment d'une exposition ou d'une présentation aux autres enfants, aux parents ou à des visiteurs. Cela s'applique aux évaluations de bons travaux autant qu'à celles de moins bons essais. Assurez-vous également que vos commentaires soulignent les aspects positifs du travail et que vos critiques constructives serviront de suggestions pour de futurs travaux.

Dans les classes de ce niveau, il est souvent difficile de contrôler de manière suivie ce que font les enfants, particulièrement lorsqu'ils ont le droit de choisir certaines de leurs activités. La solution n'est pas de donner davantage de tests ou de noter plus de projets mais de mettre au point, d'employer et de maintenir des méthodes efficaces de contrôle. Et cela ne devrait pas prendre tout votre temps ni toute votre énergie.

Comme vous évaluez vos élèves quotidiennement et non plus rituellement, vous prendrez vite l'habitude de garder à portée de la main un stylo et vos divers registres. Au début, vous aurez sans doute l'impression d'essayer de tout noter mais petit à petit, vous deviendrez plus sûr de vous et capable de sélectionner vos notes. Si vous soignez votre planification et que vous prenez des notes régulièrement, ce système ne devrait pas être fastidieux.

Même si cette approche semble demander beaucoup de temps au départ, ne vous découragez pas et n'abandonnez pas progressivement l'habitude de prendre des notes. Quand vous connaîtrez bien vos élèves et que vous commencerez à partager vos observations avec leurs parents, vous pourrez apprécier l'impact de ce nouveau système : vous constaterez que vous êtes devenu un enseignant plus efficace et que vous communiquez mieux avec vos élèves. L'évaluation continue est une habitude que vous ne voudrez plus abandonner! Être en contact avec ses élèves est une expérience d'apprentissage véritablement valable et bénéfique pour vous et vos élèves. Ni les notes chiffrées ni les lettres A, B, . . ., F ne vous ont apporté de telles satisfactions!

La question des bulletins : quelques points de vue

Les parents et les enfants veulent-ils des notes chiffrées? De nombreux enseignants affirment que c'est le cas. Sans notes, disent-ils, certains parents ne comprennent pas si leurs enfants ont de bons résultats et certains enfants ne fournissent aucun effort. Les parents veulent savoir si leurs enfants progressent normalement. Ils attendent, et même demandent, des chiffres ou des lettres car c'est le système qu'ils ont connu. Particulièrement dans les classes moyennes du cycle élémentaire, la plupart des enfants ont tellement l'habitude du système de notes qu'ils ont l'impression de ne pouvoir fonctionner sans notes.

Notre réponse est simple : dans les écoles qui ont abandonné ce système, les enfants ne demandent pas de notes ni de lettres et ils continuent à apprendre et à progresser. Là encore, nous avons une réponse simple : les êtres humains ont naturellement envie d'apprendre et si leur motivation n'est pas étouffée, ils continueront à apprendre toute leur vie.

Certains enseignants des classes moyennes du cycle élémentaire justifient leur attachement aux notes en expliquant qu'ils préparent les enfants au type d'évaluation généralement pratiqué au secondaire. Cela est peut-être vrai, mais en agissant ainsi, ils négligent des renseignements qui les aideraient à travailler maintenant avec ces enfants, à communiquer leurs progrès à leurs parents et à d'autres collègues.

L'éducation d'un enfant devrait être la responsabilité de la maison et de l'école, les renseignements sur ses progrès et son développement étant échangés librement. Les enseignants doivent devenir des interprètes capables de traduire leurs observations et leurs connaissances sous une forme accessible aux parents, une forme qui décrive le développement de l'enfant sur le plan social et sur le plan académique.

À une certaine époque, nous croyions, à tort, que les tests et autres instruments d'évaluation nous donnaient une description précise des aptitudes de l'enfant; de la même façon, nous nous sommes laissé persuader que les bulletins remplis de notes ou de lettres donnent aux parents une image précise et exacte des progrès de leur enfant.

Pourtant, la plupart d'entre nous avons toujours été conscients des limites et de l'inefficacité de tels bulletins. Nous avons connu ces sentiments de frustration lorsque nous essayions vainement de décrire les progrès et le développement d'un enfant par A, B, S ou F. Un tel système devient encore plus déroutant lorsqu'on se rend compte que chaque enseignant a sa propre interprétation de termes tels que exceptionnel, éprouve des difficultés et satisfaisant. Ce qui est bien pour un enseignant sera excellent pour un autre. Quelle note doit-on attribuer lorsqu'un enfant obtient parfois de bonnes notes, parfois des résultats exceptionnels et occasionnellement des résultats médiocres? Pour rendre les eaux encore plus troubles, remarquons que tous les enseignants ont des points de vue différents quant au nombre de bonnes et de mauvaises notes qu'il faut attribuer à un enfant afin de ne pas le décourager ni de le rendre trop sûr de lui. Penser qu'il est possible de donner une vraie description du développement d'un enfant de cette façon est évidemment une illusion qui devient presque embarrassante.

Si les enseignants se sentent frustrés lorsqu'ils doivent remplir de tels bulletins, qu'en est-il des parents qui essaient de les interpréter? Beaucoup de parents décident de comparer le nombre de bonnes notes à celui de mauvaises notes. D'autres pensent qu'il est préférable de comparer les bonnes et les mauvaises notes de ce trimestre à celles du précédent ou à celles du petit voisin.

L'inutilité de ce genre de bulletin devient encore plus évidente lorsque nous voyons des enfants comparer leurs notes avec celles de leurs amis et les résumer en ces termes : «Ouf!», «Je vais avoir des ennuis!», «Tu as de meilleurs résultats que moi!» ou bien «Ma mère va être drôlement furieuse!» La nature même de cette forme de bulletin encourage les comparaisons et la compétition. Les enfants qui ont réussi et obtenu des *A* sont ravis mais qu'en est-il de ceux qui ont moins bien réussi et qui reçoivent des commentaires du type *a de la difficulté* ou *insatisfaisant*? Les bulletins traditionnels ne prévoient pas même d'espace où l'on pourrait mentionner leurs réalisations, leurs réussites et leurs points forts. Leurs efforts et leurs progrès sont noyés dans une liste de chiffres et de lettres avec lesquels ils ne pourront peut-être jamais se mesurer. Comment cela peut-il les motiver, les encourager, les pousser à aller plus loin?

Par ailleurs, en quoi ce bulletin peut-il être utile aux parents? Leur donne-t-il de véritables renseignements sur les progrès de leur enfant? Les aide-t-il à considérer l'apprentissage comme un processus continu ou comme un ensemble de minuscules parcelles d'informations séquentielles et d'aptitudes à maîtriser, puis à classer? Est-ce que ce type de bulletin invite les parents à insister sur l'importance d'essayer, d'expérimenter et de s'entraîner ou renforce-t-il les idées d'échec et de compétition?

Si nous sommes prêts à admettre que notre système de bulletins est inefficace, nous devrions essayer de l'améliorer. Nous avons parfois l'impression que les enseignants aimeraient trouver un livre de recettes qui leur proposerait des solutions toutes faites à leurs problèmes d'évaluation et de bulletins. Toutefois, le livre de recettes est différent pour chaque enseignant dépendant de sa situation. Il est de notre responsabilité de mettre au point ou d'exiger un meilleur système qui soit plus en accord avec nos propres expériences et nos besoins ainsi qu'avec les besoins de nos élèves et de leurs parents. Il n'y a pas de solution magique ni même de solution facile ou rapide. Il nous faudra du temps, mais c'est à nous que revient la tâche de le faire le plus professionnellement possible.

Parents et enseignants savent depuis longtemps que la partie la plus importante d'un bulletin est celle qui est réservée aux commentaires. Cependant, l'espace restreint limite l'enseignant à deux ou trois phrases et il a souvent passé tellement de temps à obtenir les lettres ou les chiffres demandés qu'il ne lui reste que peu d'énergie pour rédiger son commentaire.

Un bulletin descriptif est un moyen très efficace de communiquer avec les parents. Il s'agit d'un bulletin écrit, pas seulement une phrase ou deux, qui donne une description détaillée et pertinente du développement et des progrès d'un enfant dans différentes matières. Lorsqu'on rédige un bulletin de ce type, il est aussi important d'insister sur ce que l'enfant «peut faire» que lorsqu'on note ses observations quotidiennes. Incluez ce que les enfants savent déjà faire, les stratégies avec lesquelles ils sont en train de se familiariser et ce que vous attendez d'eux au cours des prochaines semaines. Vos commentaires doivent être bien articulés et expliqués de façon à ce que les parents en comprennent clairement la signification. Un bulletin descriptif mal écrit n'aura que peu d'utilité; il est donc essentiel que vous vous entraîniez à rédiger de bons rappports.

Si vous êtes appréhensif à l'idée d'écrire de tels bulletins, commencez par vous asseoir munis des travaux d'enfants que vous avez dans vos dossiers, de vos propres observations et d'une liste de points de repères que vous utiliserez comme références. N'hésitez pas à soumettre vos premiers bulletins et les dossiers qui correspondent à un collègue afin qu'il vous dise ce qu'il comprend. Sa réaction vous aidera sans doute à rendre vos commentaires encore plus clairs. Les rapports aux parents sont normalement confidentiels, mais consulter un collègue et demander son aide est une attitude tout à fait professionnelle dont vous ne pouvez que bénéficier. Vos aptitudes à faire des observations et à prendre des notes s'amélioreront avec l'expérience, et il en ira de même pour vos aptitudes à écrire une évaluation de façon concise. Ne vous découragez pas si vos premières tentatives ne sont pas à la hauteur de vos exigences : continuez à vous entraîner!

Vous voudrez peut-être discuter les bulletins avec les enfants d'abord, puis exiger qu'ils ne les ouvrent pas avant d'arriver à la maison. Cela évitera toute discussion et comparaison en chemin et pourra minimiser les risques de compétitions cruelles auxquelles se livrent parfois les enfants. Les sentiments d'échecs qui naissent parfois lorsque les enfants interprètent des commentaires tels que *Pas aussi bien que . . .*, *Éprouve des difficultés en . . .*, *N'obtient pas d'assez bons résultats pour . . .* ou *N'est pas capable de . . .* seront éliminés. Même cela est un pas dans la bonne direction : l'accent n'est plus mis sur l'échec ou le passage d'une classe à une autre mais sur le processus d'apprentissage. Les bulletins devraient être attendus avec impatience et non pas craints.

Si pour une raison ou une autre vous devez envoyer un bulletin ordinaire à la maison, envoyez-le avec un bulletin descriptif. En fait, vous trouverez sans doute plus facile de remplir le bulletin avec des chiffres ou des lettres si vous pouvez vous référer aux travaux de l'enfant et à vos observations. Il se peut aussi que vous ayez tendance à attacher davantage d'importance aux progrès à long terme. N'hésitez pas à inclure un mot pour aider les parents à interpréter le bulletin et pour leur indiquer comment le discuter avec leur enfant. Insistez sur le fait qu'il s'agit d'un document confidentiel qui ne concerne que les parents, l'enseignant et l'enfant.

Si vous n'aimez pas le type de bulletin que l'on vous fait utiliser, faites connaître vos sentiments et vos inquiétudes. Demandez *pourquoi* on utilise ce format. Poussez votre responsable de programme ou votre conseiller pédagogique à faire quelque chose. Soyez prêt à expliquer pourquoi vous n'êtes pas satisfait et, si possible, à offrir une alternative. Proposez qu'un comité d'enseignants soit constitué pour examiner la question et offrir des solutions. Vous n'obtiendrez peut-être pas immédiatement des résultats mais en expliquant votre position, vous ferez un pas dans la bonne direction.

Solutions alternatives

La meilleure façon de faire comprendre aux parents la façon dont progresse leur enfant est une rencontre parents-enseignant. Aucun bulletin ne peut remplacer l'échange d'informations qui se déroule lors d'une entrevue face à face : une occasion unique de poser des questions et d'obtenir une réponse immédiatement, une occasion d'examiner les travaux de l'enfant tout en les commentant. Certains enseignants, ne se contentant pas des rencontres annuelles ou bi-annuelles prévues, invitent ouvertement les parents à venir les rencontrer chaque fois qu'ils veulent discuter un point ou leur faire part de leurs inquiétudes. D'autres organisent de brèves rencontres mensuelles avec les parents de certains enfants.

Certains collègues communiquent avec les parents sur le développement langagier des enfants au moyen d'un journal. Ils encouragent les parents à y inscrire ce qu'ils observent à la maison, à poser des questions ou à faire des commentaires sur le travail de leur enfant et à partager des anecdotes qui seraient amusantes ou utiles pour comprendre l'enfant. Nous estimons que le temps consacré à écrire aux parents est bien investi. Ensemble nous apprenons beaucoup au sujet de l'enfant et ce dialogue continu est un élément important du processus. Tous les parents ne sont pas à l'aise avec un tel journal mais ceux qui le sont apprécient son efficacité.

Nous essayons également de maintenir un dialogue avec les parents qui choisissent de ne pas écrire : nous les invitons spécialement à venir pour discuter certains points, nous leur parlons brièvement lorsqu'ils déposent ou viennent chercher leur enfant (ou lorsqu'ils apportent un déjeuner oublié), nous leur téléphonons lorsqu'un événement exige un contact immédiat, peut-être pour donner des nouvelles concernant les progrès de leur enfant ou simplement pour faire le point depuis notre dernière rencontre.

Cela ne nécessite pas beaucoup de temps. Il est vrai cependant qu'une telle méthode demande plus de temps que de remplir les cases d'un bulletin et de rencontrer les parents deux fois par an lors des soirées prévues à cet effet. Cela n'est pourtant pas fastidieux et les bénéfices en valent la peine. Les parents nous aident à comprendre l'enfant, l'environnement dans lequel il vit et le soutien qu'il reçoit à la maison. En échange, nous leur faisons partager le développement de leur enfant, nous leur expliquons notre programme et nous leur montrons comment ils peuvent soutenir nos efforts à la maison.

En établissant de telles relations, nous réglons la plupart des problèmes qui sont souvent engendrés par une mauvaise communication avant même qu'ils puissent faire surface. Faire un rapport continu est bien plus simple et logique que d'essayer de résumer des mois de développement sur une simple feuille par un commentaire ou pire encore, par une suite d'abréviations.

Conclusion : évaluation et planification du programme

Nous ne pouvons parler d'évaluation sans évoquer l'influence que ces nouvelles techniques et instruments ont joué sur notre travail d'enseignant.

Notre décision d'observer et de prendre des notes nous a donné une nouvelle liberté et de nouvelles responsabilités. Les données ainsi recueillies nous permettent de définir un programme à la fois pour l'ensemble de la classe et pour chaque enfant. Nous ressentons le besoin de types particuliers d'interactions ou d'interventions pour des individus et pour des groupes d'élèves. Nous savons quand nous devons préparer des démonstrations ou des conférences spéciales afin de concentrer nos énergies sur une stratégie ou un processus particuliers, bien que nous décidions parfois de ne rien faire sur le moment et d'observer les développements ultérieurs. Nous sommes en mesure d'identifier ce qui intéresse beaucoup les enfants ou les talents à développer et à encourager. Comme nous observons continuellement ce qui se passe, nous pouvons exploiter immédiatement la curiosité des enfants dans un domaine particulier. Nous pouvons faire des suggestions, activités possibles, livres à lire, personnes à contacter, aux moments où elles sont les plus utiles et où elles ont le plus de chances d'être suivies. Nos dossiers et nos journaux de bord ont des conséquences directes sur la façon dont nous planifions nos progressions à court et à long terme.

Ce que nous apprenons en observant nous aide à comprendre les besoins de nos enfants et par conséquent à réfléchir à l'efficacité de nos méthodes d'enseignement et de nos programmes. Nous commençons à nous demander pourquoi les résultats que nous attendions ne se matérialisent pas ou pourquoi nous voyons des choses qui ne devaient pas se produire. Nous ne pouvons dire comment nos réflexions vont influencer notre façon d'enseigner, mais nous savons qu'il est impossible d'évaluer les progrès des enfants en ne s'occupant que des enfants. Nous devons aussi considérer l'efficacité de notre rôle dans le processus d'apprentissage et nous demander comment nous pouvons en favoriser le développement. En agissant ainsi, nous devons parfois remettre en question la planification de notre programme.

En dernière analyse, il s'avère que la responsabilité de l'évaluation est entre les mains de l'enseignant. Nous avons le pouvoir de définir notre programme et de prendre quotidiennement des décisions qui influencent la vie de nos élèves en nous basant sur la perception que nous avons du développement de leurs aptitudes langagières et sur les progrès qu'ils font chaque jour, chaque semaine ou chaque mois. Nous sommes — vous êtes! — les seuls à pouvoir faire une observation détaillée qui mette en évidence la progression des enfants. Vous seul pouvez recommander les interventions appropriées pour un enfant particulier. Vous aurez peut-être besoin d'aide à un moment ou à un autre, car aucun enseignant ne sait tout ce qu'il faut savoir sur le développement du langage mais finalement, c'est à vous qu'il incombe de prendre la meilleure décision en fonction des données que vous avez soigneusement recueillies. L'évaluation et le programme n'appartiennent à personne d'autre qu'à vous.

Bibliographie

Livres et articles

Baskwill, Jane and Paulette Whitman. *Whole Language Sourcebook*, Toronto: Scholastic-TAB Publications Ltd., 1986.

Butler, Andrea and Jan Turnbill. *Towards a Reading and Writing Classroom*, Auckland: Primary English Teachers Association, 1984.

Calkins, Lucy McCormick. *The Artist Teaching Writing*, Portsmouth: Heinemann Educational Books, 1986.

Canfield, Jack and Harold C. Wells. *100 ways to enhance self-concept in the classroom*, New Jersey: Prentice-Hall Inc, 1976.

Clay, Marie. *SAND, a Diagnostic Survey: Concepts about Print Test*, Auckland: Heinemann Educational Books, 1982.

Cochrane, Cochrane, Scalena Buchanan. *Reading, Writing and Caring*, Winnipeg: Whole Language Consultants Ltd., 1984. (Disponible aux États-Unis auprès de Richard Owen Inc.)

Goodman, Yetta and Carolyn Burke. *Reading Miscue Inventory Manual: Procedures for Diagnosis and Evaluation*, New York: Macmillan Publishing Co., 1972.

Graves, Donald. *Writing: Teachers and Children at Work*, Portsmouth: Heinemann Educational Books, 1983.

Holdaway, Don. *Independence in Reading: A Handbook on Individualized Procedures*, Sydney: Ashton Scholastic Pty Ltd., 1980.

Jaggar, Angela and Trika Smith-Burke, eds. *Observing the Language Learner*, Urban, Ill: International Reading Association and National Council of Teachers of English, 1985.

Rowe, Gaelena and Bill Lomas. *A Writing Curriculum Process and Conference*, New York: Oxford University Press, 1985.

Van Manen, Max. *The Tone of Teaching*, Toronto: Scholastic-TAB Publications Ltd, 1986. (Disponible aux États-Unis auprès de Heinemann Educational Books.)

Périodiques et revues

Highway One, publié par The Canadian Council of Teachers of English (CCTE).

«Impressions», une revue de Holt Rinehart et Winston.

Language Arts, publié par The National Council of Teachers of English (NCTE).

The Reading Teacher, publié par The International Reading Association (IRA).

«Whole Language», une revue de Scholastic.

D'autres revues ont été publiées par des associations professionnelles telles que les conseils locaux IRA, des groupements d'enseignants tels que TAWL, et The Center for Establishing Dialogue in Teaching and Learning (Box 25170, Tempe, Arizona, 85282).

Autres titres publiés dans cette série

Comment publier en classe : guide pratique	Jane Baskwill Paulette Whitman
La lecture partagée : guide pédagogique	Frank Barrett
Comment utiliser les grands livres et les livres de littérature enfantine	Priscilla Lynch